Ines Langs

Das Leben, ein Tanz

Ines Langs

Das Leben, ein Tanz

Sich auf den Rhythmus des Lebens einlassen

Impressum

Bibliografische Information der Deutschen Nationalbibliothek:
Die Deutsche Nationalbibliothek verzeichnet diese Publikation in
der Deutschen Nationalbibliografie; detaillierte bibliografische Daten sind im Internet über http://dnb.dnb.de abrufbar.

Illustrationen: Arash Faroughi

Herstellung und Verlag: BoD – Books on Demand, Norderstedt

ISBN: 978-3-7557-1291-6

„Beweg dein Herz zum Hirn
Schick beide auf die Reise
Tanz, tanz, tanz, aber dreh dich nicht
Dreh dich nicht im Kreise"

(Stefan Stoppok, „Tanz")

Tryptichon der Euterpe*

Nummer 1

Euterpe *(Haiku)*

In Euterpes Bann
steigt hinauf der Worte Klang,
taucht in Seelen ein.

Nummer 2

Euterpes Gespiele

Bist Dichter, bist Sänger,
führst Silber im Munde.
Bist Sorgenverdränger,
bringst Herzen die Kunde
von Liebe und Freude,
von Sehnsucht und Glück.
Sprengst Lügengebäude,
bringst Hoffnung zurück.
Euterpes Gespiele,
du Barde der Welt,
hast eins nur zum Ziele:
Ein Lied, das gefällt.

* Euterpe ist die griechische Muse der lyrischen Poesie

Nummer 3

Euterpes Ruf

Wenn du Euterpes Flöte hörst,
so horch und folg ihr unbedingt!
Wenn du ihr ew'ge Treue schwörst,
dann spürst du, wie er dich durchdringt:

Ein Rausch der Worte, zaubergleich,
trägt dich auf Schwingen hoch ins Blau,
die Welt umspannend, wunderreich.
Vertrieben wird das fahle Grau

der muffig-engen Seelenangst.
Und eh du weißt, wie dir geschieht,
und während du noch zögernd bangst,
gebierst du endlich doch ein Lied.

Geflügelt ist es, wild und bunt.
Kaum hauchst du sanft ihm Leben ein
und kaum verlässt es deinen Mund,
fliegt es schon fort, um frei zu sein.

Lass es nur zieh'n, du hältst es nicht.
Kannst letztlich doch nur Zeuge sein,
wie es den Bann der Fremdheit bricht
und tritt in andre Herzen ein.

Elfenmusik in der Stadt
(Thomas Drost und seiner Tochter Ronja Luka gewidmet)

Ich hab ne Elfe heut gesehn
inmitten der Stadt.
Sie ist bestimmt verwandt mit Feen.
Ob sie sich wohl verlaufen hat?

Der Blumenkranz in ihrem Haar,
das zarte Gewand,
die Stimme hell und glockenklar,
als käm sie aus nem Zauberland.

Und bei ihr Pan mit Flötenklang
und Spiel der Schalmei.
Es steigt zum Himmel ihr Gesang
von aller Last und Sorge frei.

Der Menschen Lächeln ist ihr Lohn,
zu brechen den Bann
von Hektik, Angst und harter Frohn.
Allein Musik ist's, die das wirken kann.

Schräglage

Die Birken lehnen
sich nicht auf, sondern stemmen
sich gegen den sie
zwangsläufig erwartenden
Umsturz. Den Menschen
geht es, scheint mir, ebenso.

Klammer

Manchmal erscheint mir das Leben wie eine nicht
endende Abfolge von morgendlichem und abendlichem
Zähneputzen, die den Rest dessen, was sonst noch
geschieht, gleichsam wie eine Klammer umfasst.

An Tagen wie diesen

Mein Innres in Fetzen,
mich packt das Entsetzen
an Tagen wie diesen.

Kein Fluchtpunkt, kein Hafen,
nur schmerzhafte Strafen
an Tagen wie diesen.

Die Rufe verhallen,
die Nerven zerfallen
an Tagen wie diesen.

Wer sieht meine Sorgen,
wer zeigt mir ein Morgen
an Tagen wie diesen?

Wand-lung

Und da ist sie wieder, diese finstre Wand,
eisengrau und kilometerhoch
wie die Gewitterfront, die aus Saharasand
bei 40 Grad im Schatten kroch.

Und du stellst dich wieder bebend in den Sturm,
in den heißen Wirbel, und du spürst,
wie er stürzt, dein ach so hoch gebauter Turm
aus Kristall, spürst, wie du dich dann verlierst.

Und dann sinkst du. Tief und tiefer scheint dein Fall
in die Stille deiner Seelenwelt.
Bis du merkst, du schimmerst überall.
Bist in einen Wind aus Licht gestellt.

Licht aus deinem Licht geboren und genährt,
trägt es dich aus deiner Pein empor.
Wer wie du den Sog der Einsamkeit erfährt,
geht aus diesem Kampf im Strahlenkleid hervor.

Herzensangelegenheit

Wieder stehst du tief im Schatten,
spürst die Willenskraft ermatten.
Viel, zuviel, was dich bedrückt.
Hast den Eindruck, dass dir nichts mehr glückt.

Abwärts, glaubst du, führn die Pfade,
und du bittest nur um Gnade,
um ein Ende, schnell und glatt.
Du hast alles nur noch satt.

Doch durch deinen Nebel dringen
Rufe, die dir Kunde bringen
von der Not, die andre spürn.
Und du merkst, wie sie dein Herz berührn.

Und jetzt sitzt du hier und fragst dich:
„Wer zur Hölle bin denn ich,
dass ich von der Welt verlange,
dass ich nicht mehr allzu lange
all den Scheiß ertragen muss
und mich sehne nach nem schnellen Schluss?
Dass mich einer jetzt und gleich
rausnimmt aus dem Karpfenteich,
mich ganz einfach schnell erlöst,
weil die Welt mir Angst einflößt?"

Angst frisst sich bis in die Knochen,
kommt ganz dicht herangekrochen,
nagt sich tief in Herz und Hirn,
sitzt ganz dicht hinter der Stirn,
malt dir düstre Szenen aus,
macht dir weis: sie ist der Herr im Haus.

Sie versucht, dich einzuschüchtern,
doch betrachte es mal nüchtern:
Sie will doch nur eins erreichen:
deine Sinne aufzuweichen,
dich der Freude zu entziehn,
dir zu sagen: Du musst fliehn
vor der Qual, dem Druck, der Last.
Gut, dass du dein Herz noch hast!

Spür es schlagen, spür die Glut,
spür, wie es dir neuen Mut
und der Hoffnung Heimat schenkt.
Spür die Ruhe, die sich auf dich senkt.

Wind und Meer

Wenn Gedanken nicht mehr fliegen,
flügellahm am Boden liegen
und zu schwach für Wagnis sind,
wenn er fehlt, der Höhenwind.

Wenn Gezeiten nicht mehr stimmen,
Ängste in den Fluten schwimmen,
und kein Ufer rettend winkt,
wenn der Mut im Meer versinkt.

In dem Meer der Kümmernisse,
der geballten Widernisse,
tief und schwarz und atemlos,
wo die Einsamkeit ist groß.

Dann gibt Hoffnung nur die Ahnung,
dass die Schwärze dient zur Mahnung,
doch dass auch das Dunkel birgt
Licht, das kleine Wunder wirkt.

Licht, in dem ein Pfad aufglimmt,
den die Seele nun erklimmt,
sorgsam tastend, Stück für Stück,
wendet nicht den Blick zurück.

Weht ihr auch ein Wind entgegen,
spürt sie diesen nun als Segen,
wagt erneut den Flügelschlag,
dass er in die Welt sie trag.

Fluchtinstinkt

Ich wähl immer den Sitzplatz am Gang,
steh am liebsten als Erste an der Tür.
Bin ich eingezwängt, wird mir ganz bang,
ich kann wirklich nichts dafür.

Das wirkt sicher für viele verrückt,
aber ich brauche den Weg für die Flucht.
Bin inzwischen schon ziemlich geschickt,
es ist im Prinzip wie ne Sucht.

Manchmal nehme ich auch keine Rücksicht
im Gerangel um den Platz meiner Wahl.
Reue spüre ich dann nicht.
Nur der Nachgeschmack ist schal.

Denn eigentlich versuch ich meist,
rücksichtsvoll zu sein und hilfsbereit.
Doch mein Fluchtinstinkt beweist:
Der Weg zum Heiligsein ist weit.

17

Angeschissen

Montag Morgen, Himmel grau,
und die Schwalben fliegen tief.
Blickst nach oben, spürst genau,
heut geht irgendetwas schief.

Schwalben drehen ihre Kreise,
zielgenau und sehr beflissen.
Plötzlich platscht etwas ganz leise,
und du weißt: Du wurdest angeschissen.

Doch du nimmst es mit Humor und lachst,
nimmst es an als Fingerzeig der Gunst.
Denn was hilft's, wenn du nun Wut entfachst?
Glück im Unglück sehen ist die Kunst.

Kalt erwischt
(Corona-Poesie)

Die Krone der Magnolie
ist leider nicht aus Stahl.
Die Blüten scheinen heute doch recht fahl,
nachdem der späte Frost sie stach.
Der Schönheit droht nun Ungemach.

Die Krone aller Schöpfung,
gemeinhin Mensch genannt,
von einem Virus wurd sie übermannt,
wurd also auch ganz kalt erwischt.
So manches Leben gar erlischt.

Entthronung eines Mythos
sehn wir nun offenbart.
Wo Hoheit ist mit Ignoranz gepaart,
da bringt Natur sie zur Raison
und kennt in ihrem Wüten kein Pardon.

Egotrip

Im Prinzip ist es doch so:
Jeder will die beste Show,
die er kriegen kann.
Denn nur darauf kommt es an.

Wohlfühlfaktor hundertzehn,
in der ersten Reihe steh'n,
nichts dafür bezahl'n.
Jeder will am hellsten strahl'n.

Gutes Karma ist das Ziel,
Seelenheil steht auf dem Spiel,
Sorgen sind tabu.
Macht nur fest die Augen zu.

Das, was Ihr nicht sehen wollt,
hat Euch längst schon eingeholt.
Leben birgt auch Schmerz,
nicht nur Heiterkeit und Scherz.

Klar, das ist nicht immer toll,
und Ihr habt die Schnauze voll
von dem ganzen Mist,
der durch Euer Herz sich frisst.

Letztlich kommt's doch darauf an,
dass man sich noch freuen kann
über's kleine Glück.
Leben lernen Stück für Stück.

Drift

Du spürst es, wie dein Leben sich verschiebt.
Ein kleines Stück nur, und du ahnst: was dich umgibt,
ist eine andre Welt.
Doch du bist noch nicht sicher, ob sie dir gefällt.

Der Wind weht frischer, kribbelt auf der Haut.
Du merkst, dass irgendetwas sich zusammenbraut.
Es scheint verheißungsvoll.
Doch du kannst noch nicht sehen, was da kommen soll.

Du fragst dich, wohin du dich wenden kannst,
während der Wind wild zwischen alten Häusern tanzt.
Schaust Marktplatztauben zu.
Dann raunt der Wind dir endlich die Erkenntnis zu:

„Die Welt ist's nicht, die sich verändert hat.
Nein, du beschreibst ab jetzt ein neues Lebensblatt."
Dich schaudert's seelentief.
Du spürst es recken und sich strecken, was lange in dir schlief.

Löwinnenherz
(einer besonderen Löwin gewidmet)

Es gibt Tage, da möchte sie fliehen
vor der Hektik, dem Lärm dieser Welt.
Wenn ihr immer wieder der Sinn entfällt,
scheint ihr Nervenkostüm nur geliehen.

Es gibt Zeiten, da möchte sie weinen,
fühlt sich einsam und sehnt sich nach Licht.
Sie will schreien, aber sie traut sich nicht.
Fühlt die Seele beladen mit Steinen.

Aber manchmal, da spürt sie die Löwin in sich,
die die Tatzen streckt und die Krallen ausfährt.
Wenn sie dieses Gefühl der Stärke erfährt,
weiß sie: jetzt bin ich wesentlich.

Manchmal denkt sie, sie dreht sich im Kreise,
labyrinthisch verworren der Weg.
Sie balanciert auf verdammt schmalem Steg,
und sie fragt sich: Wohin geht die Reise?

Aber manchmal, da spürt sie die Löwin in sich,
die die Tatzen streckt und die Krallen ausfährt.
Wenn sie dieses Gefühl der Stärke erfährt,
weiß sie: jetzt bin ich wesentlich.

Ja manchmal, da spürt sie die Löwin in sich,
die gefährlich sich streckt und die Zähne zeigt.
Und wenn diese Kraft in ihr Herz dann steigt,
weiß sie: jetzt bin ich endlich ich.

Sinnfindung

Du hasst Dein Leben,
die Last und die Mühsal.
So viel musst Du geben,
der Lohn ist nur Trübsal.

Du fragst dich täglich:
Wofür diese Qualen?
Es scheint unerträglich,
den Preis zu bezahlen.

Der Sinn des Lebens,
er kommt nicht geflogen.
Du suchst ihn vergebens
und fühlst dich betrogen:

Um Glück und Freude,
um Freiheit und Fülle.
Ein Sorgengebäude,
es dient Dir als Hülle.

Es nimmt die Sicht Dir
auf kleine Gewinne.
Die Lichter tief in Dir,
den Tanz Deiner Sinne.

Wart nicht auf Zeichen
zur Rettung von andern!
Um Sinn zu erreichen,
im Innern musst wandern.

Such die Antwort in den Wolken

Du fühlst dich beladen,
verlierst deinen Faden
und siehst nicht mehr klar?
Schau zum Himmel in die Wolken.

Die Taubheit umfängt dich,
die Müdigkeit hält dich,
das Glück macht sich rar?
Such nach Ruhe in den Wolken.

Die Zweifel, sie toben,
dein Selbstbild: verschoben,
du zweifelst am Sinn?
Lass dich trösten von den Wolken.

Das Schwere lass weichen,
lass Ängste verbleichen
und gib der Gewissheit dich hin:
Die Antwort geben dir die Wolken.

Hättest du

Ach, hättest du doch bloß
Gitarre spielen gelernt.
Dein Ruhm wär jetzt groß.
Und du wärst ganz weit entfernt
vom Alltagsgebot,
zu verdienen dein Brot
mit nem Job im Büro,
wo die Wege zum Klo
noch das Spannendste sind,
was dir widerfährt.
Irgendwie verkehrt.
Du willst frischen Wind.

Ach, könntest du doch nur
so malen wie Monet.
Deine Kunst wäre pur
und enorm dein Renommee.
Stattdessen nur Tristesse,
du steckst im Dauerstress.
Jeder Tag Einheitsgrau,
und du spürst es genau,
dass dein Leben verrinnt
wie durch ein grobes Sieb.
Siehst die Zeit als Dieb.
Du willst frischen Wind.

Doch woher soll er kommen,
der Wind, den du willst?
Siehst die Welt nur verschwommen,
weil du die Sehnsucht nicht stillst.
Um den Sturm zu entfachen,
musst du die Augen aufmachen.
Was dir ne neue Richtung gibt,
dich in and're Bahnen schiebt,
ist da vorn gleich ums Eck.
Darum lass es nur zu,
dieses Glücksrendezvous.
Komm aus deinem Versteck.

Ein Hoch auf den Mut

Jetzt hätt ich doch fast, Ihr Lieben,
ein absolut trübsinniges Lied geschrieben.
Dabei gibt's davon wahrlich mehr als genug.
Mal ehrlich: ist das nicht Selbstbetrug?

Wozu soll ich Euch denn erzählen,
was mich oder Euch für Gedanken quälen?
Das wisst Ihr doch alle selbst ganz gut.
Was Euch und mir fehlt, ist doch eigentlich Mut.

Der Mut zum Lieben und Lachen,
zum irre und bekloppte Dinge machen.
Doch auch den Mut, die Tür mal zu schließen
und das Alleinsein zu genießen.

Jetzt fragt Ihr vielleicht verwundert:
Es gibt doch so an die hundert
Gründe, am Leben zu zweifeln?
Doch müssen wir's deshalb verteufeln?

Ja klar, manchmal ist es zum Kotzen,
und man möchte einfach nur motzen,
wie unfair die Umstände sind.
Will schreien: Ja Menschenskind!

Und dann kommt's drauf an, Ihr Leute:
Ist Euch bewusst, dass Ihr heute
das Gestern nicht ungescheh'n macht?
Und was hat das Toben gebracht?

Ja eben: nur Kopfweh und Krämpfe
und wilde Gedankenkämpfe.
Das alles darf sein, doch am Ende
Wär's gut, wenn Ihr fändet die Wende.

Die Wende, Euch neu zu verschenken,
und an jetzt und heute zu denken.
Wie wär's, wenn wir gleich jetzt beginnen?
Kommt, lasst uns das Leben gewinnen!

Wage es!

Seifenblasen, Schaumgebilde
muten an wie Traumgefilde.
Greifen kannst du beides nicht,
ohne dass der Zauber bricht.

Du willst baden in den Farben,
willst nicht mehr im Dunkel darben.
Suchst nach Licht und neuer Kraft,
die dir leuchten dauerhaft.

Wag zu träumen, such die Zeichen,
lass nicht länger Zeit verstreichen!
Nimm das Abenteuer an!
Lös dich aus der Ängste Bann!

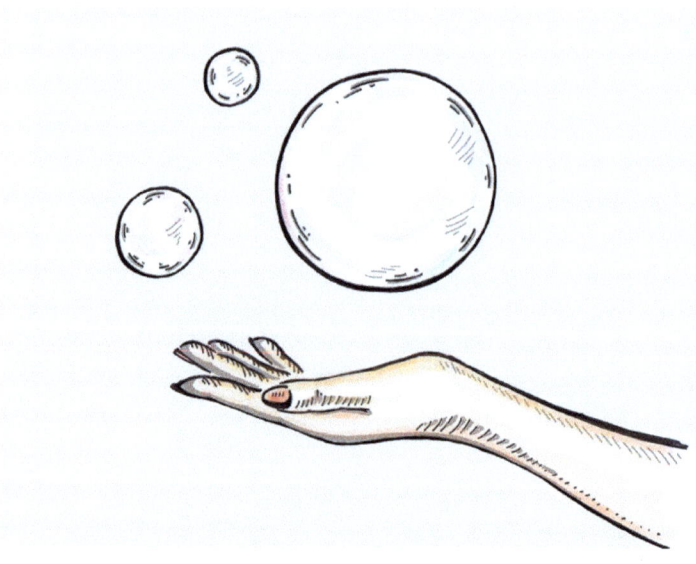

Frischer Wind

Drinnen ist die Luft beinahe greifbar,
steht im Zimmer, fast schon sichtbar,
sie ist schal und viel zu warm,
sauerstoffarm.

Draußen fährt der Wind durch Masten und durch Wanten,
trägt den Duft des Unbekannten,
kühlt die fieberheiße Stirn,
lüftet das Hirn.

Fenster öffnen, um nicht zu ersticken,
suchend in die Ferne blicken,
Wind hebt Schmerz und Sehnsucht auf,
nimmt seinen Lauf.

Singt von Trost, von Kraft aus neuen Quellen,
Weichen, die sich magisch stellen,
spricht von frischem Geist und Mut,
schürt neue Glut.

Rückschau halten oder endlich vorwärts sehen,
was gewährt uns zu verstehen,
wie der Wind uns letztlich treibt
und was uns bleibt?

Das Leben, ein Tanz

Begreif doch das Leben als Tanz!
Manchmal mit Schwung und Eleganz
und manchmal total aus dem Takt,
wenn ein heftiger Taumel dich packt.

Mal setzt du die Schritte mit Lust,
ohne dass du nachdenken musst.
Ein ander Mal stolperst du fast,
hast den Wechsel des Tempos verpasst.

Mal hast du nen Tanzstil geprobt,
für den dich das Publikum lobt,
doch wird es dir schließlich bald klar:
dass es niemals dein Herzenstanz war.

Oft hast du die Schritte geplant,
doch gerätst manchmal ungeahnt
an einen, dem's diebisch gefällt,
wenn er mitten im Tanze ein Bein dir stellt.

Und willst du zwei Schritte nach vorn,
trittst versehentlich du in nen Dorn,
was dich zwingt zu nem Ausweichschritt,
und du kommst mächtig aus dem Tritt.

Du möchtest im Tanz so gern führn,
doch musst ein ums andre mal spürn,
dass du der Geführte nur bist.
Doch was, wenn du das mal vergisst?

Was, wenn du dem Rhythmus erliegst?
Dann spürst du, wie du plötzlich fliegst,
wie du über die Tanzfläche schwebst,
und nun endlich, endlich: lebst!

Engel auf dem Dach

Siehst du dort den Engel sitzen
oben auf des Daches First?
Siehst Du seine Zehenspitzen?
Was, wenn du dich irrst?

War es nur ein Lichterflimmern,
das kurz deinen Blick genarrt?
Oder doch der Flügel Schimmern,
zauberleicht und zart?

Kannst du Wunder noch empfinden,
wenn sie sich dir offenbarn?
Allzu flüchtig sie entschwinden,
kannst sie nicht bewahrn.

Spür ihm nach, dem Glück im Kleinen,
bleib mit Geist und Auge wach.
Mag auch manches nichtig scheinen:
denk nur an den Engel auf dem Dach.

Regenbogentage

An Regenbogentagen
da spürst du, du kannst etwas wagen.
Dir wachsen plötzlich Schwingen,
und du willst lauthals singen.

An Regenbogentagen
da merkst du, du kannst sie verjagen:
die düsteren Gedanken.
Du weist sie in die Schranken.

An Regenbogentagen
da weißt du, du musst nicht mehr fragen,
wohin die Wege führen,
lässt dich vom Licht berühren.

Himmelblaue Sehnsuchtstage

Und du siehst nur den blauen Himmel
und das ewig sich streckende Land
und die Taube mit eiligem Flügelschlag,
und du weißt, das wird wieder ein Sehnsuchtstag.

Und dein Geist will fliegen gen Süden,
und der Süden kann überall sein.
Und dein Herzschlag hat einmal kurz ausgesetzt,
denn du spürst, was du brauchst, und du willst es jetzt.

Willst es spürn, wie die Brise dein Haar küsst,
wie sie sanft deine Züge liebkost.
Willst die sachte Umarmung, die warm dich umhüllt.
Und du gibst dich ihr hin, wirst von Liebe erfüllt.

Hinter den Kulissen

(inspiriert durch „Was vom Tage übrig blieb" von Kazuo Ishiguro)

Da steht er, verborgen im Schatten.
Im Dienen, da sieht er sein Glück.
Wenn and're führ'n heiße Debatten,
Hält er sich ganz vornehm zurück.

Erlaubt sich nicht Meinung, noch Regung,
versagt sich auch Schwäche und Leid.
Spürt er mal im Herzen Bewegung,
so schiebt er sie ganz schnell beiseit.

Er wähnt sich als wichtiges Zahnrad
im großen Getriebe der Welt.
Bemerkt dabei nicht, welchem Unrat
er schweigend bereitet das Feld.

Erst spät kommt Erkenntnis, kommt Wissen,
dass er hat geopfert zuviel.
Sein Wirken im Schutz der Kulissen,
es war stets ein Weg ohne Ziel.

Er hadert mit sich und dem Leben,
das er sieht verschwendet, vertan.
Er fragt sich: Was kann ich noch geben?
Doch dann fasst er folgenden Plan:

Werd nicht im Vergangnen mehr graben,
werd nun nicht mehr schwelgen im Zorn.
Ich kann mich am Heute noch laben,
ich richte den Blick nun nach vorn.

Kissen

Meinen Kopf auf das Kissen zu legen,
auf dem deiner die letzte Nacht lag,
macht mich ein bißchen verlegen,
weil ich's nicht zu greifen vermag.

Spür ein Zieh'n in der Brust und im Magen,
bin nicht sicher, ob ich's richtig deut.
Ich würd so gern nicht nur sagen,
wie mich deine Nähe erfreut.

Würd am liebsten dich küssen und spüren,
wie ein Herz nah am anderen schlägt.
Doch wag ich's nicht, dran zu rühren,
denn ich bin von Ängsten geprägt.

Also bleibt nur, dein Kissen zu kosen,
das den Duft deiner Haare noch birgt.
Ertrag ganz tapfer das Tosen,
das du leichter Hand hast bewirkt.

Mit links
(für Heidrun)

Hast mit links und mit Herz
mich ganz leicht übermannt.
Du durchbrachst meinen Schmerz,
hast mein Leiden erkannt.

Hab mich kaum noch gespürt,
war in Ängste gehüllt.
Dann hast du mich berührt,
mich mit Wärme gefüllt.

Hast mein Innres erreicht,
hast den Vorhang zertrennt.
Fühl mich unsagbar leicht,
meine Angst, sie verbrennt.

Musikalischer Erinnerungshelfer
(meinem Vater sowie meinem Gesangs-
partner Jörg Haselier gewidmet)

Ein Lied, gemeinsam angestimmt,
es führte mich zurück
zu frühem Kindheitsglück,
Erinn'rungsfunke glimmt.

Zwei Stimmen im Duett vereint,
Gesang so schön und schlicht,
entfachten neu ein Licht.
Das ist's, was Glück mir scheint.

Erinn'rung lebt und wirkt in mir,
bin Frau, doch bin auch Kind,
oft sehend, oft auch blind.
Doch bin vor allem: hier.
Und das verdank ich dir.

Eine alte Frau weint

Sie steht am Bahnsteig und hält sich fest,
am Rollator, der sie mobil sein lässt.
Doch was er ihr nicht mehr geben kann,
sind schnelle Schritte. Da kommt die Bahn.
Sie steht nicht günstig nah der Wagentür.
Zu weit die Distanz. Sie kann nichts dafür,
dass in ihre Augen die Tränen steigen.
Sie kann nur dort stehen und weinen und schweigen.

Abschied im Mai
(meinem Vater gewidmet)

Der Mai kommt ins Land,
ich fühl mich so matt.
Halt sanft mir die Hand
an meiner Ruhestatt.

Die Luft ist so schwer,
mein Atem, er stockt.
Komm nah zu mir her,
das Jenseits mich schon lockt.

Es nimmt seinen Lauf,
ich fliege im Traum.
Mach's Fenster weit auf,
gib meiner Seele Raum.

Lied des Scheidenden

Mein Blick, er schweift ins weite Land,
die Seele wünscht sich fort.
Die Dämmerung nimmt meine Hand,
ein Lied erklingt von dort.

Mein Schatten bleibt mit dir vereint,
bin ich auch nicht mehr hier.
Die Tränen, die lass ungeweint,
stattdessen sing mit mir.

Letzte Sätze

Letzte Sätze
können wahre Schätze
beinhalten.
Mit ihnen kann man gestalten,
welchen Eindruck man hinterlässt.
Es ist wirklich der Rest.
Der Rest der Gedanken,
die unsicher wanken
vor der letzten Tür.
Pflicht oder Kür?
Aber was passiert,
wenn der Geist nichts mehr gebiert,
weil er ausgeflogen ist,
und man schon alles vergisst,
was mal wichtig war,
wenn der Blick ist nicht mehr klar?
Dann ist er dahin,
der Funke Sinn,
den manche sich erhoffen.
Sie sind betroffen.
Hilflos zumeist.
Herzen verwaist.
Nur die alten Geschichten
berichten
von Genialität,
wo der Scheidende verrät,
welch geheime Einsicht ihn durchfährt,
wenn sein Geist sich schon von der Ewigkeit nährt.
Letzte Worte, bevorzugt weise.
Doch die meisten Menschen gehen einfach leise,
ohne Glimmer und Glanz,
ohne Relevanz.

Geliebter Mann
(ein Leben mit ALS) *(Januar 2021)*

Geliebter Mann, ich war in Sorgen,
denn es blieb mir nicht verborgen,
wie du mehr und mehr dich mühst.
Vieles schwand, was dir den Alltag hat versüßt.

Geliebter Mann, ich sah dich schwinden,
dich in Schluckbeschwerden winden.
Essen ward dir so zur Qual.
Mühsam ward, was früher war banal.

Geliebter Mann, konnt'st nicht mehr sprechen,
denn dich packte ein Gebrechen,
das die Muskeln langsam lähmt.
Nichts in Sicht, was diese Krankheit zähmt.

Geliebter Mann, es kamen Zeiten,
die noch schwerer waren zu bestreiten,
als die Bewegung nach und nach versagt.
Das hat mir Angst oft eingejagt.

Geliebter Mann, ich war in Sorgen,
und ich dachte jeden Morgen,
wieviel Zeit uns zwei'n noch bleibt,
eh dein letzter Atemzug dich von mir treibt.

Geliebter Mann, den Weg zu gehen
und im Sturm dir beizustehen,
hab ich versucht an jedem Tag.
Die Erinn'rung ich nun in mir trag.

Geliebter Mann, wir haben deinem Leben
soviel Sinn wie möglich noch gegeben.
Haben oft geübt noch, wie man fliegt.
Nun hat die ALS dich doch besiegt.

44

Trauer

Ich bin heiter für Wochen,
doch dann kommt sie gekrochen,
reißt die Wunden neu auf.
Und es nimmt seinen Lauf.

Und es packt mich die Welle,
die sich speist aus der Quelle
einer finsteren Pein.
Hör mich schluchzen und schrein.

Wenig menschlich die Töne,
und es weicht alles Schöne,
alle Farben vergehn.
Will es nur überstehn.

Werd vom Sturme ergriffen,
will die Klippen umschiffen,
doch es wird mir verwehrt.
Wieviel Kraft das doch zehrt.

Also lass ich mich treiben,
lass die Gegenwehr bleiben,
geb mich hin und erleb,
wie ich zittre und beb.

Die Minuten verstreichen.
Endlich spür ich ihn weichen,
diesen Druck auf der Brust.
Nehm es wahr ganz bewusst.

Nach dem Tosen die Stille,
kein Bedürfnis, kein Wille,
kein Verlangen sich regt.
Nichts, was mich jetzt bewegt.

Diesem inneren Schweigen
ist ein Zauber zu eigen.
Nicht mehr denken, nur sein,
und ich lass mich drauf ein.

Mir geht's gut

Dieser Tage
hör ich oft die bange Frage:
Sinkt Dir nicht der Lebensmut?
Und ich sage:
Nein, warum denn? Mir geht's gut.

Spürst du Schmerzen?
Nagt der Kummer dir am Herzen?
Quält dich angestaute Wut?
Ich kann scherzen,
lache fröhlich. Mir geht's gut.

Bist du einsam,
da mit ihm nicht mehr gemeinsam
dein Gemüt im Einklang ruht?
Bin nicht schweigsam,
sprech mit Freunden. Mir geht's gut.

Lasst mich trauern,
ohne mit Schablonen aufzulauern.
Taucht mich bitte nicht in Mitleidsflut.
Keine Mauern
baut um mich, denn: Mir geht's gut.

Helft mir leben!
Ihr könnt echten Trost mir geben,
wenn mit Freundschaft ihr mir Gutes tut.
Denn darum ja
kann ich sagen: Mir geht's gut!

Liebesglück

Im Marktplatz-Café im Herzen der Stadt
sitz ich sinnend, bin zufrieden und satt,
schau aufs Treiben und Weben und spür:
Wie meint es das Leben doch gut mit mir!

Draußen schicken sie sich an, Musik zu spiel'n:
Zwei Musiker, die allwöchentlich auf Almosen schiel'n.
Ihr Repertoire entstammt nicht der hohen Kultur.
Sie folgen der immer gleichen Spur.

Den Klang von Akkordeon und Geige zu hörn,
würd mich an andren Tagen eher stör'n,
doch heute fühle ich mich inspiriert,
schau staunend, was mein Geist daraus gebiert:

Dies Gedicht, sicher auch nicht der Gipfel der Kunst,
gewachsen aus einem nicht greifbaren Dunst,
der mich seit einigen Tagen erfüllt,
und der Liebe, die mich machtvoll umhüllt.

Frühling hat mich wachgeküsst

Ich fühl mich anders heute früh.
Wo ich mich andre Tage müh,
des Schlafes Fängen zu entfliehn,
so ist's, als wären heute Schwingen mir verliehn.

Mein Blick ist wacher heut und klar,
und mir wird manches offenbar,
was anderntags ich überseh.
Empfang nun Bilder, Klänge und so manch Idee.

Am Himmel steht der volle Mond,
das Frühlingslied wird bunt vertont
von Vögeln, die aus schierer Lust
die wärm're Zeit empfangen mit Gesang aus voller Brust.

Hör Wildgansruf, seh Blütenkleid
und fühl mich sonderbar befreit
von Kälte und so mancher Last.
Mir hat wohl heut der Frühlingsrausch ins Herz gefasst.

Ich lass mich tragen vom Moment,
fühl mich geküsst vom wilden Element.
So breite ich die Schwingen aus
und flieg nach langem Schlaf ins Frühlingsglück hinaus.

Mondmorgen

Atem sichtbar vor mir schwebt.
Lange Zeit es nicht erlebt.
Warme Tage sind passé
Seele spürt ein Weh.

Überm Nebeltale thront
voller Herbstverheißungsmond.
Welt in Watte eingehüllt,
Seele ist erfüllt.

Herbstduftelysium

Der Duft
der Luft
berauscht
und bauscht
die Lungen.
Besungen
soll's sein
im Schein
der Laterne
und Sterne.

Licht an, Licht aus

Das Licht ging an in ihrem Kopf. Sie war wach. Sie wusste nicht, wie spät es war. Sie wusste jedoch, dass es noch Nacht war.

Ihr linker Arm schlief noch. Sie spürte ihn als dumpfes Etwas neben sich liegen. Sie versuchte, die Finger der linken Hand zu bewegen. „Lass uns schlafen," sandten sie ihr als Botschaft. „Nein, ich will euch spüren," sandte sie zurück. Sie öffnete und schloss langsam die Hand. Einmal, zweimal, dreimal. Ihr Arm reagierte widerwillig. Der Schmerz kam. Ein Schmerz, als wäre ihr Arm von einer eisernen Jungfrau umschlossen.

Weiter. Hand öffnen, Hand schließen. Arm heben, Arm senken. Wie lange ging das so? Ihr Arm hatte tief geschlafen. Dem Sterben näher als dem Leben. "Vermutlich wird er mir vorausgehen, wenn mal die Zeit für mich gekommen ist. Er übt schonmal, wie es sich anfühlt." - „Was sind denn das für morbide Gedanken?"

Ablenken. Hand öffnen, Hand schließen. Lauschen. Was hatte sie geweckt? Jetzt hörte sie den Wind. Es war der Westwind, der sich gegen das Haus warf und Regen an die Fassade schleuderte. Sich kurz zurückzog. Anlauf nahm. Wieder zuschlug. Wütend ob des Hindernisses. Eine Geräuschkulisse, bei der sie unmöglich wieder einschlafen konnte.

Wie lange noch, bis der Wecker losgeht? Sie könnte nachschauen. Doch sie befürchtete, dass sie erst recht nicht mehr würde einschlafen können, wenn sie jetzt das Licht anmachte. Also weiter im Dunkeln liegen und auf die Rückkehr des Schlafs warten. Dem Wind und dem Regen lauschen. Hand öffnen, Hand schließen.

Der Arm war inzwischen wach. Gut. Er fühlte sich jedoch fremd an. Als wolle er nicht zu ihr gehören. Egal.

Jetzt, da er wach war, spürte sie etwas Anderes: Sie musste pinkeln. Sie hatte aber keine Lust, aufzustehen. Das würde sie dem Schlaf noch mehr entreißen.

Sie drehte sich um, so dass sie auf der rechten Körperseite lag. Ein paar Minuten später drehte sie sich auf den Rücken. Sie wagte es nicht, sich auf die linke Seite zu drehen. Jetzt, da sie gerade ihren linken Arm wiederbelebt hatte. Also wieder nach rechts.

Der Drang zu pinkeln war hartnäckig. Sie wusste, dass es besser wäre, ihm nachzugeben und auf die Toilette zu gehen. Aber sie wollte nicht aufstehen. Nochmal auf den Rücken drehen. Der Wecker geht bestimmt gleich los. Wieviele Minuten sind vergangen?

Der Drang wurde stärker. Er bat nicht mehr; er forderte. „Ach Mist!" Sie erhob sich langsam. Sie machte kein Licht an. Sie tastete sich am Bett entlang zur Zimmertür, durch den Flur hinüber ins Bad. Dort glimmte ein schwaches rotes Licht von der Decke. Gerade hell genug, um die Toilette zu finden, aber matt genug, um nicht glockenhellwach zu werden. Sie setzte sich auf die Toilette und pinkelte. Erleichterung. Sie schaute auf den Funkwecker, der auf dem Handtuchschrank zu ihrer Linken stand. 3:37 Uhr. Noch gut zwei Stunden, bis der Wecker losgehen würde. Nur noch zwei Stunden. "Ich werde mich wie gerädert fühlen," dachte sie. Und wieder: „Ach Mist!" Sie betätigte die Spülung, wusch sich die Hände und tastete sich zurück in ihr Schlafzimmer und ins Bett. Sie schlang die Bettdecke eng um sich und hoffte, dass sie nochmal einschlafen würde.

Als es wieder dunkel wurde in ihrem Kopf, merkte sie es nicht. Auch nicht, dass ihr linker Arm ihr ins Dunkel vorausgegangen war.

Spuren im Gesicht

Sie rief ihm noch hinterher: „Geh nicht!" Doch er winkte nur ab und verschwand im Dunst des Nieselregens. Es fröstelte sie. Wegen des Wetters zum einen, wegen seiner Entscheidung zum anderen.

Seine Worte vom Nachmittag klangen in ihrem Kopf nach: „Ich muss fort. Such nicht nach mir." In ihrem Kopf stiegen tausend Fragenblasen auf und platzten betäubend laut. Lag es an ihr? Hatte sie etwas falsch gemacht? Hatte sie ihn schlecht behandelt?

Sie konnte ihn nur stumm und erschüttert anschauen. Kein Wort fand den Weg ins Hörbare. Er schaute zurück in ihre Augen. Er schien ihre Fragen an ihrem Blick ablesen zu können. Er schüttelte den Kopf. „Nein. Es ist nicht deine Schuld."

Lange saßen sie einfach nur stumm am Tisch. Dann nahm er ihre Hand und führte sie an sein Gesicht. Ließ sie über die Narben streichen. Behutsam. Sie fühlte die Krater, deren Anblick ihr schon *beinahe* zur Gewohnheit geworden war.

Ihre Fingerspitzen vermittelten ihr seine Botschaft. Tränen stiegen ihr in die Augen. Sie konnte die Spur jeder einzelnen auf ihrem Gesicht deutlich spüren. So wie er die Spuren der Flammen in seinem.

Sie verstand.

ENGLISH SECTION

Guitar Boy
(inspired by and dedicated to Friend 'n Fellow)

He seemed an ordinary boy
until the day that
out of his body grew a guitar,
and she sang to his fingers' soft touch.
She gave him ecstasy and joy,
and so he thought that
she would just carry, carry him far.
He just cared for her beauty as such.

Guitar boy, guitar boy,
where's your mind headed to?
Guitar boy, guitar boy,
is your melody true?

One day an angel turned his fate,
asked him to listen:
There's something else I planned for you.
Will you follow the path that I show?
He found in the angel his perfect mate,
making now glisten
all that he played on his guitar.
He had plenty of room now to grow.

Guitar boy, guitar boy,
there's your mind headed to.
Guitar boy, guitar boy,
now your melody's true.

Hotel Magic

Me, looking out of the window
of my hotel room at 4th floor
(elevator out of order).
Her, looking out of the window
of her hotel room across the street.
In a perfect world
our eyes would have met
for a magical second.
Yet they haven't.
Windows get closed,
hers and mine.
Who needs magic anyway...

Irish Magic Moment

Riding along the coastline in a double-decker bus
Seeing the waves how they splash on the rocks
A lovely tune hovering above it all
Like the song of a melancholic angel.

Spring Haiku

The clouds are pouring
heaps of waves of heavy rain.
Yet the birds sing out.

Seconds Of Summer

Pieces of a feather floating
on a light wave of air.
Wintery spring mornings
awaken to pastel skies.
The moon perishes as she longs
for her other half.
It's cold at the station.
All of creation is waiting
For seconds of summer.

The full moon had a storm at her heels,
Heralding chaos and change.
When it finally calmed down,
There arose a scent of autumnal decay,
Filling nostrils and minds.

Dancing In the Snow

You stand still at the window,
watch the snowflakes come down.
Such a rare performance this winter.
As they cover the meadow,
you just manage to frown,
and you're feeling that you got a splinter
that is wickedly lodged in your mind.
It's not easy to find,
and by trying, you feel you get sore.
Yet it's something that you can't ignore.

When your winter seems endless,
you have only one chance:
To watch children enjoy the occasion.
Hear their shouts that are fearless,
while they whirl in a dance,
and you know you can fight the invasion.
So you muster the courage that's left.
Now you need to be deft
and keep going and find your way back
to where happiness laid down its track.

Liquid Love

At times I'm feeling liquid.
Like delicate drizzle,
when it can't decide
to rain or not to rain.
Like a sweet promise
of total nourishment
not yet fulfilled,
but lingering lightly
around you.
Caressing you
just ever so softly,
not putting a weight
on you.
But waiting
for you.

I'll Disturb You

I'll ripple my way through your life,
like a stone thrown into the lake
of your precious and secretive mind.
I'll disturb you,
be it for better or worse.
That's not mine to decide.

Saving Embrace

It's an odd situation,
I feel lost in translation,
like I've lost all emotion
in this time of commotion.
So I stretch out my mind,
till in darkness it is you I find.

You are there to embrace me,
when the shadows come chase me.
And you gently enfold me.
It's an angel who told me,
that in your arms there's rest,
and that things will turn out for the best.

Sedated

My yearning I sedated,
so I'd not be agitated
by turmoil in my heart,
and not be torn apart
by storms of mad desire
and heat of inner fire.

Yet sometimes it escapes me,
and my soul erupts abruptly
and sets my mind ablaze.
I'm caught then in a maze
of love, of lust, of fear.
No chance for me to steer.

For peace of mind I'm aching,
while my nerves are sore and shaking.
Could there be any rest?
How can I stand the test?
The struggle will go on
til my last breath is gone.

Resurrection

Just as I ever imagined,
nothing is as I ever imagined.
Never mind what I was dreaming of.
Never mind that dreams are wearing off
at the seams.
And it really seems
that I'm losing ground.
And I think I found
no lasting justification
for continuous perpetration
of this crime called daily life.
Cuts me deeper than a knife
to wake up to question marks
that give birth to tiny sparks
of a hope for resurrection.
And I feel it's time for action.
Yet I'm trapped in fear of imperfection.
Let me find a new connection
to my longing inner child.
Let my dreams again go wild
so that they may then ignite
a nourishing light
to guide me out of the night
to that place that just feels right.

May

May I or
may I not
ask you how you feel?
Do you or
do you not
claim your nerves are made of steel?
Can we or
can we not
meet on common ground?
Shall we or
shall we not
aim for understanding found?

The Letter Never Written

I wanted to write you a letter,
had everything lined out and straight,
with so many ifs and so many ands,
and what I couldn't understand
about things that you did
and things that you said,
and why I feel bad
and how your blows hit,
hit me deep in the core,
made my feelings go sore.
How you
got me doubting my sense,
like I was kind of dense,
implying I was the one who was wrong
and that it was basically me all along
causing the trouble in the first place.
And how I went straight into madness.
But if there's one thing I learned,
it's how easily burnt
common ground gets by letters like that.
Learned it from
letters you wrote, when you were mad,
and they never turned things for the better.
So I'll never send you this letter,
and just hope that my hurting will fade.

Fail To Be A Fail

Feeling like a fail
burns like
the hottest fire of hell.
You think that anyone can tell:
You're a fail.

So you hide in your shell,
pull the curtains down,
and you wish you could drown
and simply disappear,
when life means only fear.
And while your wails and screams
come to haunt you
even in your dreams,
you wish that it would end.

But what if you pretend
that everything is fine?
What if you just cross the line
from darkness into light
and prove the gurus right,
that it's all about ambition,
and that you just need the vision
of a happy, healthy life?
Even if pretending
cuts you like a knife,
because you've lost in the strife.

And what if it works anyway,
and a ray of sunshine lights your day?
Would you push it away?
Would you stay in the dark?
Would you brush aside the spark
that has kindled in you
the flame of a tender hope?
Would you cut through the rope
that would aid for your salvation?
Would you prefer to stay on
the path to mental starvation?
Do you love to wallow
in your own damnation?

No?

Then come out of your pit,
follow the path that is lit
with the promise of joy
for you and the ones that you love.
Don't you let your failures destroy
what you are really worth of.
And if you really mean to be a fail,
then decide to fail in
feeling like a fail.

None Of Your Business

It's none of your business,
why I never join for dinner
and refuse to be a grinner
in your artificial club.
Why should this wind up
your superficial mind?
'Cause I'm not willing to be of your kind?

Let me tell you a secret:
When I see how time is wasted,
when I know how stale the taste is
of faking honesty
for the sake of mimicry,
it feels just like an unsubstantial life,
that most of all is missing drive.

So stay out of my business,
when I decide to stay away
and use the hours of my day
for things that matter more.
Everything's better than being a bore.
It's the choices that I make,
when things more crucial are at stake.

Manipulator

You were supposed to care.
You were supposed to share
my burden and distress
and make it less.
You crept into my mind
my weaknesses to find,
a victim for your feast,
you sneaking beast!
You breached my soul's defense
You made me doubt my sense
You violated me.
You wounded me.
Now that you reached your goal,
you drop me like hot coal.
You treat me with disdain,
no more to gain.
I feel an utter shame,
like I'm the one to blame.
To trust again is hard.
I'm torn apart.

Second Guesses

Things are not what they seem at first glance,
but often you won't get a second chance
to make a second guess.
No way to gain ingress.

Five kids dead, their mother trying to take the train,
frontal crash, but it was not enough to kill her or her pain.
Will she ever be able to tell,
what turned her life to hell?

Sweet sixteen, that's what she was back then,
delivering her firstborn, and the cycle began
of childbirth, conception and childbirth once more.
Every after just another before.

Things are not what they seem at first glance,
but often you won't get a second chance
to make a second guess.
No way to gain ingress.

Half a dozen, never being celibate.
She's just twentyseven with a ghastly fate.
Was there ever a choice?
Did she never raise her voice?

Five kids dead, their mother trying to take the train,
frontal crash, but it was not enough to kill the pain.

Things are not what they seem at first glance,
but often you won't get a second chance
to make a second guess.
No way to gain ingress.

What a horrible mess...

Yesterday Birds

It was yesterday that the birds sang out,
only yesterday,
yet it feels so far away.
It's too quiet today,
and you're under a blanket of doubt.

Now your thoughts they reel, they are mocking you.
Thoughts of letting go.
Seems there's not a thing you know.
How can anything grow,
when your past has a tight grip on you?

Yesterday birds want to sing you to sleep,
want to drink from your tears, so they urge you to weep.
To get hold of your mind they can hardly await.
How they whisper...
How they whisper:
everything's too late.

Yesterday birds...
Yesterday birds...

Says a gentle voice: Why so sad, my love?
Don't you see what's near?
Are you blinded by your fear?
Let your vision get clear.
Will you dare take a look from above?

It's a narrow path that you're walking on.
You can learn to trust
that all yesterday is dust.
If remember you must,
then just watch it, then let it be gone.

Yesterday birds want to sing you to sleep,
want to drink from your tears, so they urge you to weep.
To get hold of your mind they can hardly await.
How they whisper...
How they whisper:
everything's too late.

Yesterday birds...
Yesterday birds...

Will you wake up...
Will you wake up...
Wake up to today?

Yesterday birds want to sing you to sleep.
Oh, but don't shed a tear, there's no reason to weep.
Just be still now, my darling, be quiet and wait.
Don't you ever...
Don't you ever...
Think that it's too late.

Yesterday birds...
Yesterday birds...
Please don't listen
to yesterday birds.

Moving On In Love

When I blink my eyes, I think I see you
sittin' at the wheel of that bright yellow car,
that Mustang GT from 1982,
just for a split-second and only from afar.

And then in another moment,
I feel like I see through your eyes.
I see the floating, foamy torrent,
as once in eons the El Paso sky cries.

You are still showing me now and again
the world that you perceived
through your camera's lens, a silent man,
who wouldn't be deceived.

Not by shiny garments or meaningless talk,
not by wrong authority's lead.
You were a man who would always walk
with your head held high, not fearing defeat.

It was this integrity that I loved you for,
and your magical blazing blue eyes.
You had so many skills that I'll always adore.
Now you're sheltering me from the skies.

You will always remain my defender
from those nightmares that I used to fear.
And my love for you is still tender,
yet there's one thing I need to make clear:

I'm not made to stay lonely for ages.
I feel passion, and I hunger for life.
There's a lioness inside that rages.
In short words: I'm a widow, but no longer a wife.

Song Of the Parting

My eyes reach out to distant hills,
my soul longs to be free.
When dawn appears, my heart it fills
with sweetest melody.

My shadow will remain right here,
when I will long be gone.
I beg you not to shed a tear,
but calmly to sing on.

The Message is Love

How many ways can you think of
to tell someone „I love you"?
And how many times have you been at the brink of
thinking that it could be to good to be true?

Do you just say „You're my sunshine"?
Or does that sound too cheesy?
And how about saying „I just wish you would be mine"?
Do you think it would be all that easy?

Will you be saying them gently,
the words „You make my heart sing"?
Or will you shout out loud „Your love was sent to me!",
'cause you feel that sweet and powerful sting?

Sending the message is vital.
don't think too much, don't ponder.
Don't plan an elaborate lofty recital.
Just let there be no doubt that:
„For me, you're a wonder."

Danksagung

Ursprünglich wollte ich die Veröffentlichung dieses Buches auf später verschieben, obwohl ich es fast fertig in der Schublade bzw. auf der Festplatte liegen hatte. Ich danke all jenen, die mich darin bestärkt haben, das nicht zu tun. Stellvertretend sei hier Norbert Boden genannt, Vorsitzender des Kunstvereins Linz am Rhein. Danke für das Vertrauen, das mir von ihm und von vielen wohlwollenden Menschen entgegengebracht wurde.

Ich danke meinem lieben Kollegen Arash dafür, dass er sofort Feuer und Flamme war, als ich ihn fragte, ob er zu einigen der Gedichte Illustrationen beisteuern möchte. Er ist nämlich ein begnadeter Zeichner. Ich bin begeistert davon, wie er die Gedichte kongenial in Bilder umgesetzt hat.

Ines Langs, im November 2021

Ebenfalls von Ines Langs erhältlich

Wellenreiter wider Willen
Spica Verlag

292 Seiten
13,5 x 20,5 cm
Softcover mit Klappen
ISBN: 978-3-98503-015-6
19,90 € (D)

„Es ist schließlich immer eine Wellenbewegung. Mal bist du oben und tanzt als Schaum auf der Wellenkrone, mal stürzt du hinab ins Wellental. Um dann von der nächsten Welle wieder hochgehoben zu werden. Und die ganze Zeit hast du den Eindruck, nicht von der Stelle zu kommen. Du bist auf hoher See, und das rettende Ufer ist nicht in Sicht."

Es war sehr hoher Wellengang, der die Autorin Ines Langs und ihren geliebten Mann Detlef Ende 2017 erfasste. Detlef erkrankte an ALS (Amyotrophe Lateralsklerose), einer unheilbaren Krankheit, die meist innerhalb weniger Jahre zum Tod führt. Ines versuchte auf ihre eigene Art, den Kopf über Wasser zu halten. Sie schrieb ab Mitte März 2020 jeden Morgen handschriftlich auf, was ihr gerade durch den Kopf ging. In diesen Morgenseiten spiegeln sich alle Aspekte ihres Alltags mit der Krankheit ALS wider, einschließlich tabubelasteter „egoistischer" Gedanken und Gefühle. Doch sie enthalten auch Worte, die von Zuversicht zeugen. Und nicht zuletzt von der Liebe, die sie durch diese schwere Zeit trug. Die Liebe zu Detlef ebenso wie die Liebe, die ihr von ihrer Familie und ihren Freunden entgegengebracht wurde.

80